동화 작가와 함께 쓰는
초등 주제 일기
– 초콜릿 상자 –

교과 연계 추천 도서

국어 3학년 2학기 7단원 글을 읽고 소개해요
국어 4학년 1학기 1단원 생각과 느낌을 나누어요
국어 4학년 1학기 5단원 내가 만든 이야기
국어 5학년 1학기 8단원 아는 것과 새롭게 안 것
국어 6학년 1학기 2단원 이야기를 간추려요

진짜진짜 공부돼요 31

동화 작가와 함께 쓰는
초등 주제 일기
- 초콜릿 상자 -

2024년 1월 2일 초판 1쇄

글 김점선·임태리　그림 백명식
펴낸이 김숙분　디자인 김은혜·김바라　홍보·마케팅 최태수
펴낸 곳 (주)도서출판 가문비　출판등록 제 300-2005-60호
주소 (06732) 서울 서초구 서운로19, 1711호(서초동, 서초월드오피스텔)
전화 02)587-4244/5　팩스 02)587-4246　이메일 gamoonbee21@naver.com
홈페이지 www.gamoonbee.com　블로그 blog.naver.com/gamoonbee21/
제조국 대한민국　사용 연령 8세 이상
주의사항 종이에 베이거나 긁히지 않게 조심하세요.
ISBN 978-89-6902-654-5　73800

ⓒ 2024 김점선·임태리

• 책값은 뒤표지에 있습니다.
• 잘못된 책은 구입하신 곳에서 바꾸어 드립니다.
• 이 책의 내용과 그림은 저자와 출판사의 허락 없이 사용할 수 없습니다.

동화 작가와 함께 쓰는
초등 주제 일기
-초콜릿 상자-

글 김점선 · 임태리
그림 백명식

프롤로그

어떤 하루는 어제와 똑같고

어떤 하루는 즐거운 일이 벌어지기도 하고

어떤 하루는 화나는 일이 벌어지기도 하고

어떤 하루는 슬픈 일이 벌어지기도 하고

어떤 하루는 신기한 일이 벌어지기도 하고

어떤 하루는 기막힌 일이 벌어지기도 하지.

모두 그냥 흘려보내 버리기에는 너무 아까워.

나중에 전부 기억날 리가 없잖아.

소중한 하루하루를 어디에 모아 놓을 순 없을까?

타임캡슐에 넣어 두는 것은 어때?

유치원 때 묻어 놓은 타임캡슐도 어디에 있는지 못 찾아.

그렇다면 사진이나 영상으로 남겨 놓으면 어때?

머릿속에서 갑자기 훅 떠오르기도 하고

순간 휙휙 지나가 버리는데

사진이나 영상은 아니지.

그렇다면, 방법이 있지.

바로! 바로!

나만의 특별한 일기장, 『초콜릿 상자』

너에 대한 모든 것을 차곡차곡 적어 보는 거야.

완성되면 세상에 하나뿐인 『초콜릿 상자』 책이 되겠지.

이것은 아주 근사한 일이야.

네가 특별한 초콜릿 상자를 갖는 것과 같아.

언제든 네가 필요할 때 꺼내 먹을 수 있지.

초콜릿 고르기

자유롭게 골라서 글을 쓰고, □에 ✓ 하세요.

1. 일기장 이름 지어 주기 □

2. 오늘 아침에 일어나서 떠오른 생각은? □

3. 나의 MBTI 성격 유형 검사해 보기 □

4. 내 몸에서 가장 마음에 드는 부분을 알려줘. 그런데 왜 마음에 들어? □

5. 내가 좋아하는 단어를 모두 적어 봐 □

6. 화가 날 때, 나를 진정시킬 방법이 있어? □

7. 혼자서도 재미있게 놀 수 있는 방법을 알려줘 □

8. 신이 선물을 주겠다고 하면, 어떤 것을 말할 거야? □

9. 나의 걱정거리 셀프 상담하기 □

10. 내 자랑거리를 생각나는 대로 마구마구 써 봐 □

11. 이런 적 있었지? □

12. 하루 중 내가 가장 좋아하는 시간은? □

13. 나는 참 괜찮은 사람이야 □

14. 온전히 나를 위해 오만 원을 쓸 수 있다면, 어디에 쓰고 싶어? ☐

15. 나만 학교에 가지 않는 날, 어떤 하루를 보낼지 상상해 봐 ☐

16. 최근에 있었던 일을 그림으로 그리고, 해시태그를 달아 봐 ☐

17. 나만의 감정 사전 만들기 ☐

18. 20년 후, 검색창에 내 이름을 적었을 때, 어떤 프로필이 뜨면 좋겠어? ☐

19. 오늘 아침 제일 먼저 만난 친구를 소개해 줄래? ☐

20. 무슨 말을 했을까 상상해 봐 ☐

21. 돌돌김밥과 삼각김밥 중 어떤 것이 더 좋아? ☐

22. 생일 선물을 받았어. 상자를 열었을 때, 어떤 것이 나왔으면 좋겠어? ☐

23. 친구와 재미있게 노는 방법 세 가지를 적어 봐 ☐

24. 한 달 동안 같은 음식만 먹어야 한다면, 어떤 것을 먹을 거야? ☐

25. 주변 사람에게 듣고 싶은 말은? ☐

26. 휴대전화에서 가장 많이 사용하는 앱은 뭐야? ☐

27. 내가 뽑은 최악의 친구 넘버 5 ☐

28. 짝사랑에 빠진 친구가 있어. 어떤 처방을 내려 줄래? ☐

29. 외계인에게 지구가 어떤 곳인지 설명해 줘 ☐

30. 살면서 가장 억울했던 일은? ☐

31. 최근에 크게 울었던 일이 있어? ☐

32. 난 이런 친구가 좋아. 내가 만드는 친구 자격증 ☐

33. 로키가 친구들에게 파티에 초대하는 편지를 보냈어.

　　로키처럼 누군가에게 편지를 써 봐 ☐

34. 내 감정은 어떤 색깔일까? ☐

35. 내 삶을 숫자로 나타낸다면? ☐

36. 행복 수프를 만들 거야. 어떤 재료를 넣고 싶어? ☐

37. 우정 테스트를 해 보자 ☐

38. 나를 가장 사랑하는 사람은 누구일까? 그 증거는? ☐

39. 세상을 살아가는 데 꼭 필요한 열 가지는? 그 이유는 뭐야? ☐

40. 환경을 지킵시다. 두 손 모아 주장합니다 ☐

41. 스트레스 푸는 방법은? ☐

42. 나만의 반려로봇을 상상해 봐 ☐

43. 세상에서 사라지게 하고 싶은 게 있다면, 세 가지를 말해 봐 ☐

44. 나의 인생 곡선 그리기 ☐

45. 아빠 뽑기 기계 ☐

46. 오늘 제일 처음에 먹은 음식을 써 봐. 끝말잇기 하자! ☐

47. 어느 날, 아침에 일어났더니 엄마(아빠)와 내 몸이 바뀌어 있는 거야.
    그럼 무엇을 하고 싶어? ☐

48. 내가 너튜버라면, 이런 너튜브를 제작할 거야 ☐

49. 과거로 돌아간다면, 되돌리고 싶은 사건은? ☐

50. 나만의 특별한 초콜릿 상자를 채워 봐! ☐

1. 일기장 이름 지어 주기

누군가 이 일기장을 부를 때,

"어이! 앞에 계신 분."

"저기요? 각진 분."

"아무개 씨!"

"여보세요. 네모난 분."이라고 할 경우,

만일 일기장 성격이 다혈질이면 이렇게 말할 거야.

"지금 뭐라고 했니? 잠깐 나 좀 따라와!"

감성적이라면 이렇게 말하겠지.

"제발 내 이름을 불러줘. 그럼 네게 가서 꽃이 될게."

일기장이 소심하다면 혼자 이렇게 생각하겠지.

'왜 나는 이름이 없을까. 뭐가 잘못된 걸까. 도대체 어디서부터 어긋난 거지.'

끔찍하군!

이름을 먼저 정해야겠어.

이름과 그렇게 정한 이유까지 적어 봐.

기왕이면 특별하고 근사하게 말이야.

2. 오늘 아침에 일어나서 떠오른 생각은?

나는 '아침형인간'은 아니지. '아침형인간'이 뭐냐고?

이른 아침에 하루의 일과를 시작하는 사람을 말해. '아침형인간'은 성공으로 나아가기 위해 아침 시간을 잘 활용하지.

놉놉. 옛말에 '일찍 일어나는 새는 잡아먹힌다.'고 했어.

뭐? 그게 아니라 '일찍 일어나는 새는 벌레를 먹는다.'가 맞다고? 아무튼 아침에 일어났을 때 떠오른 생각을 적어 봐.

아침에 떠오른 생각을 5분 동안 빠르게 적어 봐!

나는 오늘 아침에 일어나서 _____

_____ 생각이

떠올랐다. 그 이유는 _____

_____ 때문이다.

3. 나의 MBTI 성격 유형 검사해 보기

둘 중 하나만 골라 봐.

1. 평상시 무엇을 할 때 즐겁니? (E/I)

   ☐ **E** 친구를 만나 수다 떠는 게 좋아.

   ☐ **I** 혼자 책을 보거나 그림을 그리는 게 좋아.

2. '사과' 하면 처음에 떠오르는 것은? (S/N)

   ☐ **S** 빨갛다, 과일, 맛있다

   ☐ **N** 백설공주, 뉴턴, 핸드볼 공

3. 친구와 게임을 할 때 넌 어떠니? (F/T)

   ☐ **F** 즐겁게 하는 게 좋아.

   ☐ **T** 이기고 싶어.

4. 무언가를 시작할 때 어떻게 하니? (J/P)

   ☐ **J** 나만의 계획을 세워.

   ☐ **P** 계획을 세우기보다는 일단 부딪혀 봐.

1번부터 4번까지 내가 고른 알파벳을 기록해 보자.

나의 MBTI는 (   )이다.

왕 성격테스트 MBTI 정리			
ENTP	도전왕	ESFP	관종왕
ESTJ	꼰대왕	ESTP	반항왕
ESFJ	친목왕	ENFJ	의리왕
ENFP	긍정왕	ENTJ	말빨왕
INFP	상상왕	INFJ	생각왕
ISFP	귀찮왕	ISFJ	소심왕
ISTJ	진지왕	ISTP	혼밥왕
INTP	솔직왕	INTJ	고집왕

MBTI 성격 유형 검사가 정확하다는 것을 증명해 보도록 하자.

나의 MBTI는 _____ 이다. 한마디로 _____ 왕이다.

이 검사는 매우 정확하다. 내가 _____

_____

_____ 때문이다.

15

4. 내 몸에서 가장 마음에 드는 부분을 알려줘. 그런데 왜 마음에 들어?

나는 벌렁벌렁 콧구멍이 큰 게 마음에 든다.

1. 남들보다 커서 숨쉬기가 편하다.
2. 오늘 급식이 무엇인지 단번에 맞힐 수 있다.
3. 코딱지를 쉽게 팔 수 있다.

머리부터 발끝까지 소중하지 않은 곳은 없다. 하지만 한 곳을 딱 짚으라면 나는 무조건 콧구멍이다.

내 큰 콧구멍은 여러 가지로 나를 도와준다. **우선** 숨쉬기가 편하다. 남들보다 더 많은 양의 산소를 들이마시고, 이산화탄소를 내보낼 수 있다. **다음**으로 그날의 급식이 뭔지 단번에 맞출 수 있다. 큰 콧구멍이 후각이 발달할 수 있도록 도와준 덕분이다. **마지막**으로 코털이 걸러낸 먼지가 코딱지가 되는데, 검지가 쑥 들어가서 쉽게 파낼 수 있다. 내 단짝 은지는 콧구멍이 작아서 새끼손가락도 잘 안 들어간다. 이러한 이유로 나는 몸 중에서 콧구멍이 제일 마음에 든다.

나는 내 몸 중 (　　　　　　)이 마음에 들어.

이유

1. _____
2. _____
3. _____

5. 내가 좋아하는 단어를 모두 적어 봐

 나는 꽃, 솜사탕, 엄마, 아빠, 하늘, 케이크를 좋아해.

 나는 일요일, 점심시간, 쉬는 시간, 방학, 우리 반 영철이를 좋아해.

 나는 지렁이, 번데기, 파리지옥, 대머리독수리를 좋아해.

제목: 내가 좋아하는 것들

나는 생크림 묻은 딸기가 든 와플이 좋아.

딸기도 달콤한데, 생크림까지 묻어 있으면 달콤함이 두 배거든.

또 잠든 엄마를 좋아해.

오늘따라 잔소리가 심했는데, 어느새 침대에서

새우잠을 주무시고 계시네.

내가 알던 예쁜 엄마 모습이었어.

그래서 잠든 엄마가 좋아.

내가 좋아하는 것들을 적어 보자.

이 중 두 개를 골라 '내가 좋아하는 것들'에 대한 이야기를 써 보자.

6. 화가 날 때, 나를 진정시킬 방법이 있어?

피곤해서 자고 있는데 동생이 놀자고 해.

화가 난다, 화가 나.

친구들이 나만 빼고 놀아. 소리치고 싶어.

화가 난다. 화가 나.

동생이 먼저 때렸는데, 엄마가 나한테만 뭐라 해.

화가 난다. 화가 나.

으~아~ 으~ 악!

폭발할 것 같아!

나도 이럴 때가 있어!

_____
_____
_____
_____
_____
_____

화가 날 때는 이렇게 해 봐!

_____
_____
_____
_____
_____
_____

7. 혼자서도 재미있게 놀 수 있는 방법을 알려줘

혼자 노는 방법에는

8. 신이 선물을 주겠다고 하면, 어떤 것을 말할 거야?

자신이 받고 싶은 것을 상자 위에 적어 주세요.

이 선물을 원하는 이유를 구체적으로 적어 주세요.

이유가 합리적이지 않으면 신은 소원을 들어주지 않아요.

자! 이제 소원이 이뤄지는 의식을 거행해 볼게. 다음과 같이 해 봐.

1단계: 내 소원은 이뤄진다. (3번 말하기)

2단계: 진짜로 이뤄진다. (2번 말하기)

3단계: 일어나서 코끼리 코를 하고 오른쪽으로 정확히 열 바퀴 돌아.

4단계: 1초 안에 정확히 내 오른쪽 콧구멍에 손가락을 집어넣어.

(만약 틀렸다면 다시 1단계부터 해야 해. 정확히 했다면 5단계로 넘어가)

5단계: 박수를 다섯 번 쳐 봐.

6단계: 마음속으로 소원을 말해 봐.

7단계: 1분 동안 큰 소리로 웃어 봐.

잘 따라 했다면, 한 달 뒤에 소원이 이뤄진단다.

만약 소원이 안 이뤄졌다면, 다시 1단계부터 하는 거야.

분명히 말했지?

정확히 잘 따라 해야 해.

9. 나의 걱정거리 셀프 상담하기
(타로 카드를 이용한 셀프 상담)

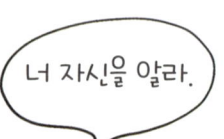

O×× 박사님께서 요즘 무척 바쁘시거든.

또 상담비도 아주 비싸. 스스로 상담하면 무료겠지?

더욱이 나를 가장 잘 아는 사람은 바로 나야.

일석이조!

나의 고민 : _____

타로카드 중 세 개를 골라 봐.

어떻게 고민이 해결되는지, 카드를 이용해서 풀이해 보자.

예시:

- ☀️ 동쪽에서
- 👴 귀인이 나타나니
- 🍔 햄버거를 같이 먹으면서 이야기 나누면 고민은 해결된단다.

내가 고른 카드

카드 풀이 문장 쓰기

_____

_____

_____

_____

10. 내 자랑거리를 생각나는 대로 마구마구 써 봐

(코) 콧노래를 잘 불러.

(입) 엄청 커, 손이 들어가.

(머리 부분) 체험학습 날 아침에 알람 없이 벌떡 일어나.

(목) 불닭볶음면을 물 안 먹으면서 먹을 수 있어.

(손) 힘이 세. 팔씨름 다 이겨.

(허리) 요리조리 잘 돌려서 춤을 잘 춰.

(발) 달리기는 잘 못하지만, 달리는 건 좋아해.

신체 부위에 화살표로 그려 넣으며, 나를 마음껏 자랑해 보자.

11. 이런 적 있었지?

내가 가장 크게 웃었던 일 이야기해 줄까?

미술 시간에 짝꿍 얼굴 보고 그리기 했었거든. 규칙이 있었어.

절대 손을 떼면 안 된다. 한 선 그리기를 하는 거야.

짝꿍 얼굴을 뚫어지게 바라보면서

한 선으로만 그려야 되는 거지.

짝꿍이 그린 내 얼굴을 보는 순간

빵 터졌어.

배꼽 빠지는 줄 알았잖아.

언제 가장 크게 웃었어?

_____
_____
_____
_____

아주 속 시원했던 일 있었지?

난 며칠째 화장실 못 가서 너무 힘들었거든.

끙끙 앓다가

엄마 말대로 키위 먹고,

사과 먹고 유산균까지 먹었어.

배에서 꼬르륵! 신호가 오고,

마침내 성공했어.

얼마나 시원했던지! 그 기분 알지?

언제 시원했어?

12. 하루 중 내가 가장 좋아하는 시간은?

"급식 시간이다! 오늘은 떡볶이 나오는 날이다.

아침부터 급식 시간만 기다렸다. 두 번 먹을 거다."

내가 가장 좋아하는 시간은 맛있는 거 먹을 때야.

하루에 세 번이지. 생각만 해도 행복해.

나의 하루를 그려 넣고, 그중에서 가장 좋아하는 시간을 표시해 줘.

13. 나는 참 괜찮은 사람이야

"현실의 나를 인정하고 받아들이세요.

지금 이대로 괜찮습니다.

설령 조금 부족하다 해도

지금 나는 괜찮은 사람입니다.

지나친 욕심을 버리고

있는 그대로의 나를 긍정적으로 보는 것이

자기 사랑의 시작입니다."

라고 법륜 스님이 말했어요.

_ <나는 괜찮은 사람입니다> 중

나무아미타불…

'나를 바라봐. 나를 있는 그대로 사랑해.

나는 참 괜찮은 사람이야.'

내가 어떤 면에서 괜찮은지 적어 봐.

14. 온전히 나를 위해 오만 원을 쓸 수 있다면, 어디에 쓰고 싶어?

세배하고 오만 원을 받았어.

너는 오만 원을 어떻게 쓸 거야?

내용	받은 돈	쓴 돈	남은 돈
세뱃돈	50,000		

나는 세뱃돈으로 오만 원을 받았다. 꽤 큰돈이어서 어떻게 써야 할지 한참 동안 생각했다. 고민 끝에 나는 이렇게 쓰기로 했다.

15. 나만 학교에 가지 않는 날, 어떤 하루를 보낼지 상상해 봐

년 월 일	☀️ 🌤️ ☁️ ☂️ 🌧️
일어난 시각 :	아침밥 메뉴:

화요일이다.

감기에 걸렸다.

마스크를 매일 쓰고 다녔는데, 어디서 걸린 건지 모르겠다.

코감기인지 콧물이 질질 나온다.

다행히 열은 안 나고 기침도 안 한다.

엄마가 집에서 쉬라고 했다.

친구들은 학교에 가는데, 난 안 갔다.

어떻게 하루를 보낼까?

오늘 한 일	내일 할 일

16. 최근에 있었던 일을 그림으로 그리고, 해시태그를 달아 봐

해시태그 (hashtag) 특정 핵심어 앞에 '#' 기호를 붙여 써서 식별을 용이하게 하는 메타데이터 태그의 한 형태. 이 태그가 붙은 단어는 소셜 네트워크 서비스에서 편리하게 검색할 수 있다.

떡볶이를 먹었다.

마지막 떡볶이를 네가 먹다니

그건 분명 내 것이었어.

너는 이미 여섯 개를 먹었어.

내가 다섯 개를 먹고 있을 때 말이지.

#떡볶이절교 #우정금가는소리 #가짜친구

\#   \#   \#   \#

17. 나만의 감정 사전 만들기

세상에서 가장 현명한 사람은, 모두에게 배우는 사람이다. 가장 사랑받는 사람은 모든 사람을 칭찬하는 사람이다. 가장 강한 사람은 자신의 감정을 조절할 줄 아는 사람이다.   _탈무드

감정을 조절할 줄 알려면, 감정을 먼저 알아야겠지.

어떤 감정을 어떤 경우에 느끼는지, 나만의 감정 사전을 만들어 보자.

감정	경험	감정 이모티콘
행복하다 기쁘다 즐겁다		
겁먹다 두렵다 무섭다		
놀라다 당황하다		
귀찮다 지겹다 지루하다		
아쉽다 서운하다		
부끄럽다 창피하다 쑥스럽다		

18. 20년 후, 검색창에 내 이름을 적었을 때, 어떤 프로필이 뜨면 좋겠어?

N | 검색어를 입력해 주세요.

손흥민
축구선수

프로필

출생	1992. 7. 8 , 게자리, 원숭이띠
신체	183cm, 77kg
소속팀	토트넘 홋스퍼 FC (FW 공격수, 7)
가족	아버지 손웅정, 형 손흥윤
데뷔	2010년 함부르크 SV 입단
관련정보	프리미어리그 - 손흥민 경기 성적
사이트	공식홈페이지, 인스타그램, 페이스북, 유튜브
작품	도서, 방송

검색창에 자기 이름을 입력하세요.
어떤 프로필이 뜰지 상상하며 작성해 보세요.

N | 검색어를 입력해 주세요.

★ 꿈은 이루어진다.

19. 오늘 아침 제일 먼저 만난 친구를 소개해 줄래?

"으아, 늦었다."

나는 서둘러 집을 나섰다.

평소에는 25분이면 집에서 나선다.

벌써 38분이다. 화장실에서 너무 긴 시간을 보냈다.

어제 피자와 치킨을 많이 먹긴 했다.

아직도 배가 아프다.

아파트 단지를 바람처럼 가로질렀다.

편의점 앞을 막 지나치는 순간, 내 옆을 스쳐 가는 친구가 있었다.

내 친구를 소개할게!

생김새 : _____
_____

성격 : _____
_____

좋아하는 것 : _____
_____

싫어하는 것 : _____
_____

내 친구 그려 볼게!

20. 무슨 말을 했을까 상상해 봐

21. 돌돌김밥과 삼각김밥 중 어떤 것이 더 좋아?

오늘은 요리해 볼까?
밥을 보슬보슬하게 볶아,
단무지, 햄, 시금치,
오이, 치즈를 준비해.
김을 펼친 다음 볶음밥을 깔고
재료를 올려 줘.
이제 잘 말아 볼까?
내가 좋아하는 치즈김밥 완성!

VS

나는 뭐니 뭐니 해도
삼각김밥이야.
볶음밥이 삼각형 모양의
김 속에 들어 있는데
맛이 없을 수 없지.
손으로 잡고 먹기도 좋아.
전자레인지에 돌리기만 하면 뚝딱!
정말 간편하고 맛있어.

너는 돌돌김밥과 삼각김밥 중 어떤 것을 좋아해?

만약 내가 김밥 개발자라면 _____ 김밥을 만들어서 팔고 싶습니다.

재료는 _____

만드는 순서는 아래와 같습니다.

1. _____
2. _____
3. _____
4. _____
5. _____

이 김밥의 특징은 _____

내가 만든 김밥 광고하기

22. 생일 선물을 받았어. 상자를 열었을 때, 어떤 것이 나왔으면 좋겠어?

생일 축하합니다! 생일 축하합니다.

짜잔! 선물이야.

내가 받고 싶은 선물은 (　　　　　　　　)이야.

어떤 선물일까? 상자를 살펴보니 보낸 사람은 (　　　　　　)였어.

이제 상자를 열어볼까?

상자를 열자 (　　　　　　)이/가 나왔어.

자세히 설명해 줄게.

모양

색깔

크기

기능

특징

냄새

23. 친구와 재미있게 노는 방법 세 가지를 적어 봐

친구들과 놀 수 있는 다른 놀이를 설명해 줘.

놀이 1.

놀이 2.

놀이 3.

자 그럼 직접 해 보자!

24. 한 달 동안 같은 음식만 먹어야 한다면, 어떤 것을 먹을 거야?

내가 좋아하는 음식을 한 달 내내 먹을 수 있다니, 아주 행복해!
나라면…

좋아하는 음식을 식탁 위에 모두 그린 후, 그 중 딱 한 가지만 고르세요.

특별히 그 음식을 택한 이유 세 가지를 알려줘.

1. _____

2. _____

3. _____

25. 주변 사람에게 듣고 싶은 말은?

난 목소리가 작아.

크게 말하고 싶은데 잘 안돼.

듣고 싶은 말 카드 만들기

듣고 싶은 이유는 _____

_____

_____

듣고 싶은 이유는 _____

_____

_____

26. 휴대전화에서 가장 많이 사용하는 앱은 뭐야?

내 휴대전화에 설치된 앱은?

〈예시〉　　　　　　〈내 폰〉

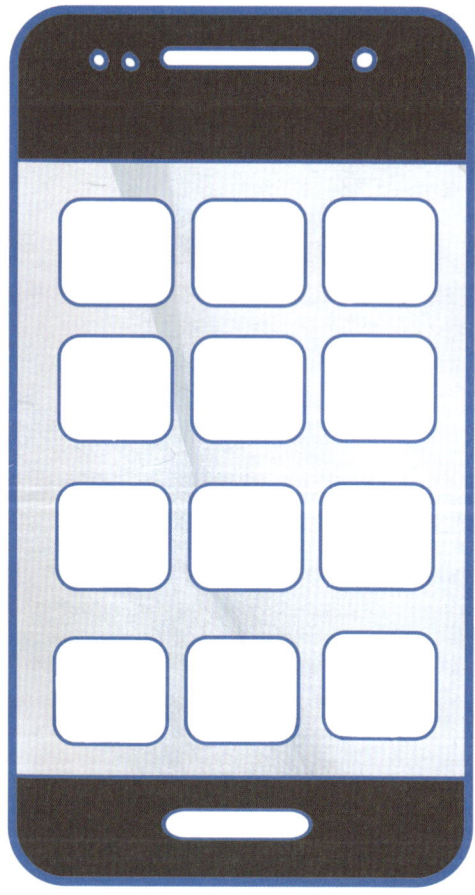

어떤 앱을 가장 많이 사용해? (전화, 문자는 빼고 알려줘.)

___

앱을 소개해 줄래?

___

언제 사용해?

___

누구랑?

___

왜?

___

사용하고 나니 어땠어?

___

만약 휴대전화가 없다면 유용한 앱을 소개해 줘.(개발도 가능)

27. 내가 뽑은 최악의 친구 넘버 5

최악의 친구 넘버 5

넘버 5. 같이 놀다 선생님께 고자질하러 가는 애

넘버 4. 자기가 술래가 되면 그만한다고 하는 애

넘버 3. 늘 징징거리는 애

넘버 2. 늘 하나 더 먹는 애

두구두구, 넘버 1을 발표하겠습니다.

넘버 1. 은근히 말을 돌려서 자기 자랑하는 애

바로 너야!

내가 뽑은 최악의 친구 넘버 5

5. _____
4. _____
3. _____
2. _____
1. _____

내가 뽑은 최고의 친구 넘버 5

5. _____
4. _____
3. _____
2. _____
1. _____

상대에게 무엇을 바라기 전에, 먼저 하도록!

-엄마가 아빠에게 자주 하는 말

28. 짝사랑에 빠진 친구가 있어. 어떤 처방을 내려 줄래?

짝사랑 증상에 따른 3단계 처방

1단계 주의 단계

증상	처방전
보기만 하면 심장이 빠르게 뛴다.	그 애가 안 보이는 곳으로 빠르게 피해 구구단 8단을 외울 것.

2단계 경고 단계

증상	처방전
다른 일을 할 때도 그 애 얼굴이 생각난다.	

3단계 위험 단계

증상	처방전
아무것도 할 수 없다.	

29. 외계인에게 지구가 어떤 곳인지 설명해 줘

지구란 곳은?

1. _____
2. _____
3. _____
4. _____
5. _____

지구인들의 하루도 소개해 드릴게요.

지구인은 뭘 먹냐고요?

_____
_____
_____

지구인은 뭘 좋아하냐고요?

_____
_____
_____

지구에서는 어떻게 이동하냐고요?

_____
_____
_____

지구인은 어떻게 서로 연락하냐고요?

_____
_____
_____

30. 살면서 가장 억울했던 일은?

나 안 뚱뚱하거든.

난 남들 먹는 만큼만 먹는다고.

다들 세 끼 먹지? 나도!

간식으로 딸기 조금,

과자 몇 개 먹지.

다 그 정도는 먹잖아.

게다가 요즘은 더워서 입맛도 없단 말이야.

그런데 왜 이렇게 살이 찌는지 모르겠어.

엄마는 내가 많이 먹는다고 하는데, 정말 억울해.

지금 생각해도 억울하고 답답해.

너는 언제 억울했니?

_____

_____

_____

_____

_____

_____

31. 최근에 크게 울었던 일이 있어?

엄마가 게임 시간 이제 없다고 해서 울었어.

영어학원이 너무 가기 싫어서 울었어.

32. 난 이런 친구가 좋아. 내가 만드는 친구 자격증

친구란 _____ 이다. 왜냐하면 _____.

친구 자격증

내 친구라면 아래와 같은 자격을 갖춰야 한다.

1. _____
2. _____
3. _____
4. _____
5. _____

(주의사항: 분실 시 재발급 불가)

발행기관: 마니또 주식회사

나는 이 친구자격증을 _____ 에게 수여하겠다.

33. 로키가 친구들에게 파티에 초대하는 편지를 보냈어. 로키처럼 누군가에게 편지를 써 봐

(받는 사람) 사랑하는 친구 파말리아에게

(계절 인사) 나뭇잎이 예쁘게 물들었어. 물론 나는 그보다는 그 떨어진 나뭇잎 옆에 있는 소똥구리가 더 예쁘지만 말이야.

(안부) 얼마 전 네가 썩은 옥수수를 먹고 배탈 났다는 소식을 들었어. 지금은 괜찮니? 변기가 네 무른 똥을 감당해야 했다니, 가엾구나.

(전할 내용)
난 이달 23일에 우리 집에서 파티를 열 생각이야. 내가 아침밥을 열 그릇 먹는 것을 축하하는 파티야. 특별히 너를 초대하려고 해. 네가 좋아하는 손가락 튀김, 진흙 수프, 100일 숙성 머리카락 파스타를 준비할게. 물론 썩은 옥수수는 없을 거야.

(끝인사) 선물은 꼭 준비해서 오도록 해. 기왕이면 크고 묵직한 것으로 말이지. 빈손은 절대 환영하지 않아.

(쓴 날짜) 9월 20일

(쓴 사람) 언제나 친절한 로키

34. 내 감정은 어떤 색깔일까?

학교 갈 때는 두근두근 분홍색이야.

친구랑 같이 걸어가면서 폴짝 뛰는 분홍색이야.

발표할 때는 울렁울렁 회색이야.

몸과 마음이 자꾸만 작아지는 회색이야.

달리기하고 난 뒤에는 시원시원 파란색이야.

땀을 흠뻑 흘리고 나면 정신이 맑아지는 파란색이야.

내 감정 색은?

색칠하기

_____
_____
_____

색칠하기

_____
_____
_____

색칠하기

_____
_____
_____

지금 나는　　　　　　색깔이야. 그 이유는?

35. 내 삶을 숫자로 나타낸다면?

내가 태어난 해는 _____ 년이다.

내가 태어난 날은 _____ 일이다.

나의 키는 _____ cm이다.

나의 몸무게는 _____ kg이다.

우리 가족은 _____ 명이다.

내가 오늘 아침 일어난 시각은 _____ 시 _____ 분이다.

내 발 사이즈는 _____ mm 이다.

하루 텔레비전 시청 시간은 _____ 분이다.

내 충치 개수는 _____ 개이다.

누군가를 기다려 본 것 중 제일 긴 시간은 _____ 시간이다.

내가 먹을 수 있는 햄버거 개수는 _____ 개이다.

내 나이는 _____ 살이다.

내 친구는 _____ 명이다.

내가 가 본 나라는 _____ 개 국이다.

내가 가장 오래 차를 탄 시간은 _____ 시간이다.

내가 가장 오래 잠을 잔 시간은 _____ 시간이다.

내 필통에 들어있는 연필은 _____ 자루이다.

내가 가장 좋아하는 숫자는 _____ 이다.

36. 행복 수프를 만들 거야. 어떤 재료를 넣고 싶어?

나는 유명한 요리사야.

여기저기에 내 이름을 딴 체인점이 있지.

내가 만든 많은 요리 중 수프가 단연 일 등이야.

내 수프를 먹으면 행복해진다나, 뭐라나.

먼저 고구마를 으깨. 그냥 고구마가 아니야. 맛있구마 고구마지.

다음에 우유를 넣지. 그냥 우유가 아니야. 신선해유 우유지

여기에 사랑해유, 사랑하구마를 넣고

거기에 고맙구마, 고마워유를 넣지

그리고 약한 불에서 저으면서 끓여 주지!

아참!

마지막에 웃음 가루를 뿌리지. 행복에 웃음이 빠질 수는 없어.

이번에는 내가 요리사!

식당의 이름은

(   )

메뉴판

식당에서 제일 유명한 음식

(   )

만드는 방법

_____

_____

_____

_____

_____

37. 우정 테스트를 해 보자

친구와 환상의 짝꿍인지 궁금하다고?

그렇다면 우정 월드컵 테스트가 있지.

아래 것 중 동시에 골라 봐. 꼭 동시에 골라야 해.
8개 이상 일치하면 환상의 짝꿍!

38. 나를 가장 사랑하는 사람은 누구일까? 그 증거는?

39. 세상을 살아가는 데 꼭 필요한 열 가지는? 그 이유는 뭐야?

재미로 보는 테스트

만약 4가지 일이 동시에 일어난다면 어떤 것부터 해결할 거야?

㉠ 동생이 울기 시작했다.
㉡ 핸드폰이 울린다.
㉢ 초인종이 울린다.
㉣ 욕조에 물이 틀어져 있다.

( ) - ( ) - ( ) - ( )

재미로 보는 테스트 해석은 마지막 페이지로!

"한가로이 사는 데 꼭 필요한 물건은 열 가지뿐이라네. 들어보겠나? 책 한 시렁, 거문고 한 벌, 친구 한 명, 신 한 켤레, 베개 한 개, 서늘한 바람을 끌어들일 창문 하나, 햇볕 쪼일 마루 하나, 차 달일 화로 하나, 부축할 지팡이 한 개, 봄 경치를 찾아다닐 나귀 한 마리면 그만일세. 이 밖에 또 무엇이 필요하겠나."

— 김안국(1478~1543)이 황 씨에게 보낸 편지 중

세상을 살아가는데 나에게 꼭 필요한 열 가지는?

1. _____
2. _____
3. _____
4. _____
5. _____
6. _____
7. _____
8. _____
9. _____
10. _____

40. 환경을 지킵시다. 두 손 모아 주장합니다

먼저 우리 집 환경 지킴 점수를 매겨 보자.

 그렇다(10점)   그렇지 않다.(0점)

1. 전기코드가 안 쓸 때도 꽂혀 있다. (   )

2. 재활용 쓰레기가 거의 매일 나온다. (   )

3. 배달 음식을 일주일에 한 번은 꼭 시켜 먹는다. (   )

4. 텀블러 대신 일회용 컵을 사용하는 가족이 있다. (   )

5. 옷 사는 것을 좋아하는 가족이 있다. (   )

6. 상자를 분리 배출할 때, 유리 테이프를 제대로 제거하지 않는다. (   )

7. 페트병을 분리 배출할 때, 라벨지를 제거하지 않는다. (   )

50점 이상이면 환경 파괴 심각 수준입니다.

자, 우리 집 환경 파괴범에게 환경을 지키는 방법을 알려 줍시다.

41. 스트레스 푸는 방법은?

스트레스는 만병의 근원이라고 하잖아.
마음속에 쌓아 두면 큰 병이 생긴다는 뜻이지.
언제 스트레스를 받는지 생각해 보고, 푸는 방법을 찾아봐야 해.

나는 애들 앞에 나가서 발표할 때 스트레스를 받아. 나만 쳐다보는 것 같아서 굉장히 불안해. 그리고, 틀렸을 때는 나를 비웃는 것 같아서 속상해.

나는 잔소리를 많이 들으면 스트레스를 받아. 물론 내가 잘못하고 있다는 건 알아. 하지만 하루에 잔소리를 3시간 넘게 듣는다고 생각해 봐. 아주 끔찍하지.

나는 친구들이 놀릴 때 스트레스를 받아. 특히 별명을 붙여서 부를 때는 머리끝까지 뜨거운 것이 올라와.

언제 스트레스를 받니?

그럴 때 어떻게 푸는지 알려 주자.

42. 나만의 반려로봇을 상상해 봐

반려로봇은 사람과 더불어 살아가는 로봇을 말해.

가까이 두고 의지하는 로봇이지.

나의 반려로봇은 어떤 모습일까?

딩동! 딩동!

드디어 기다리던 반려로봇이 왔어!

짜잔! 내 반려로봇의 모습은?

내 반려로봇 사용 설명서를 만들어 봐! (구성품, 기능, 성능, 주의사항 등)

43. 세상에서 사라지게 하고 싶은 게 있다면, 세 가지를 말해 봐

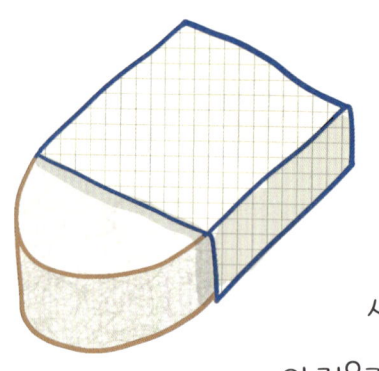

이 지우개로 말할 것 같으면,

보통 지우개가 아니란 말이지.

이건 마법 지우개야.

사라지게 하고 싶은 것을 연필로 쓴 다음,

이 지우개로 쓱쓱 지우면 사라져 버려.

무엇이든 사라지게 할 수 있어.

대신 딱 세 가지뿐이야

잠깐! 바로 적으면 안 돼!

아주 신중해야 해.

잘못하다가 소중한 것이 사라질 수 있으니까 조심해.

생각이 끝났다면 이제 적어 볼까?

사라지게 하고 싶은 것 세 가지

1. _____
(이유:)
2. _____
(이유:)
3. _____
(이유:)

자, 이제 지우개를 들어!

위에 적은 것을 지울 거야.

그럼, 진짜 사라질 거야.

놀랄 준비를 하라고.

하나

둘

셋

잠깐! 그런데, 마법 지우개가 맞니?

44. 나의 인생 곡선 그리기

인생 곡선(life line, 人生 曲線)이란 자신의 과거와 현재 및 미래의 모습을 표현하도록 함으로써, 자신의 삶의 여정을 돌아보고 이해하도록 만드는 것이야.

인생 곡선 그리기 3단계

연령대별로 연결되어 있는 생활선 양식지에 그려 볼 거야. 색연필이나 색 볼펜을 준비해 봐. 스티커를 사용해도 좋아.

1. 과거와 현재, 미래에 대하여 나의 상황이 긍정적으로 생각되면 수평선 위에, 부정적으로 생각되면 아래에 표시해 줘.
2. 연령대별로 표시한 삶의 선을 연결해 줘.
3. 마지막으로, 표시한 삶의 선과 관련하여 이야기를 기록해 줘.

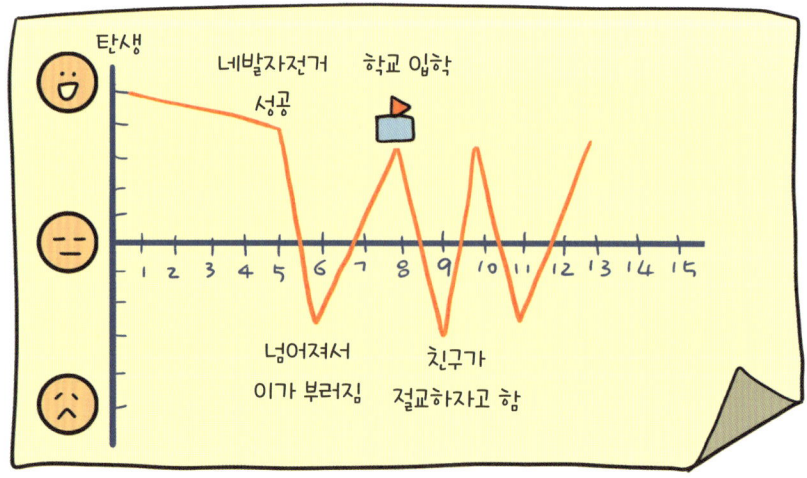

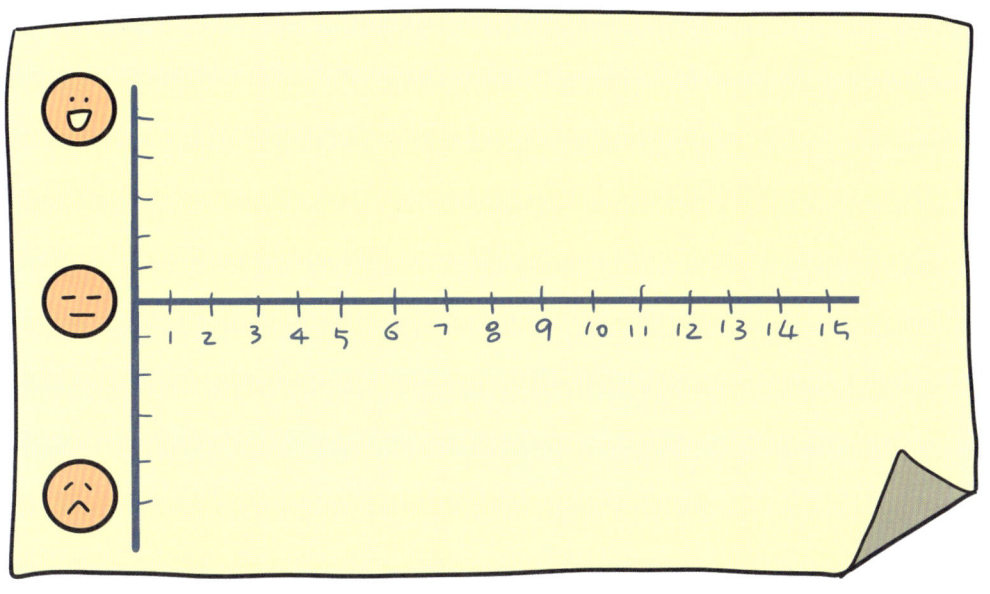

45. 아빠 뽑기 기계

내가 뽑은 아빠는 (　　　　　　) 아빠이다.

왜냐하면 _____

_____

_____

_____

_____

46. 오늘 제일 처음에 먹은 음식을 써 봐. 끝말잇기 하자!

된장찌개 - 개미 - 미꾸라지 - 지렁이 - 이빨 - 빨대 - 대나무 - 무술 - 술래잡기 - 기부 - 부산 - 산기슭 - ?

으아, '슭'으로 시작하는 낱말에 뭐가 있지?

오늘 먹은 음식?

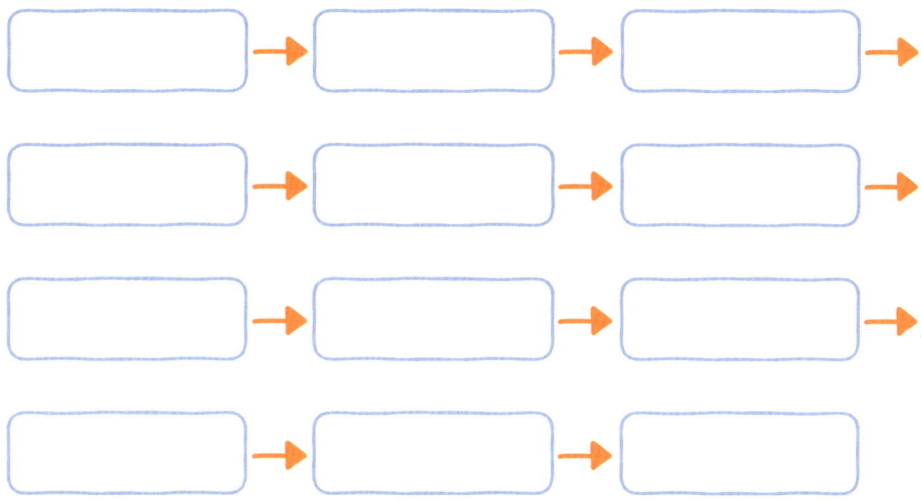

끝말잇기 했으면 몇 개의 단어를 골라서 이야기를 지어 봐.

___
___
___
___
___
___
___

47. 어느 날, 아침에 일어났더니 엄마(아빠)와 내 몸이 바뀌어 있는 거야. 그럼 무엇을 하고 싶어?

내가 엄마(아빠)가 된다면 꼭 해 보고 싶은 일

● 빨리 양치하고 학교 가라고 잔소리하기

● 아이한테는 핸드폰 못하게 하고 나는 실컷 하기

● 아이돌 앨범 몽땅 사들이기

● 학교 다녀온 아이를 꼭 안아 주기

● 아이한테 사랑한다고 백번 말해 주기

48. 내가 너튜버라면, 이런 너튜브를 제작할 거야

먹방 너튜브

라면 5봉 먹기 | 떡볶이 5인분 먹기 | 피자 3판 먹기

슬기로운 초딩 생활 너튜브

맛있게 과자 먹는 법 | 즐겁게 학교 다니기 | 친구 잘 사귀는 방법

너튜브 기획서를 짜 보자.

닉네임 정하기
___

주제 정하기
___

시나리오 쓰기

49. 과거로 돌아간다면, 되돌리고 싶은 사건은?

사건 1

_____
_____
_____
_____
_____

50. 나만의 특별한 초콜릿 상자를 채워 봐!

초콜릿 상자에 내가 좋아하는 것들을 적어 봐.(사람, 장소, 추억, 물건 등)

자! 이제부터 집중해. 중요한 이야기를 할 거니까.

이 일기장은
꼭, 꼭 숨겨둬야 한다는 거지.
왜냐하면, 네가 유명해질 거거든.
그럼, 이 일기장은 어마어마한 가치를 갖게 되겠지.

잘 들어보라고.

난중일기 들어 봤지? 임진왜란(1592-1598) 때에 이순신 장군이 친필로 작성한 일기로 연도별로 해서 총 7권이야. 왜적과 싸우면서 틈틈이 계속하여 쓴 것이지. 이순신 장군의 지략과 용맹, 나라를 사랑하는 마음, 병드신 80 노모를 걱정하는 마음, 가족을 사랑하는 마음, 죽어가는 병사를 보며 느끼는 처절함까지 담겨 있어. 이 일기는 후손들에게 영웅 이순신, 인간 이순신을 깊게 느끼게 할 뿐만 아니라, 국보 제76호로 지정되었고, 2013년 유네스코 세계기록유산으로 등재되었어. 만약 이순신 장군이 일기를 남기지 않았다면, 우리는 전쟁의 승패만 기억하지 않을까? 이 일기가 있었기에 당시의 역사적 상황, 뛰어난 지략, 용기, 배려, 사랑을 다 전해받을 수 있는 거지.

이뿐이 아니야. 미국의 35대 대통령인 존 F. 케네디의 일기장도 소개할게. 케네디가 28세 때 쓴 일기장은 보스턴 RR 경매에서 8억 원에 낙찰되어 화제를 모았어. 이 일기장은 케네디 대통령이 1945년 기자 시절에 유럽으로 파견되었을 때 자필과 타이핑으로 기록한 것인데, 일기장에는 2차 세계대전으로 황폐해진 독일의 모습이 세세하게 담겨 있어서 그 가치가 높았다고 해.

꼭 큰 업적이 담겨 있는 일기장만 높은 가치가 있는 건 아니야. 다음으로 14억 중국인의 스승으로 불리는 중국의 사상가이지 교육가인 후스(胡適, 1891~1962)의 일기를 소개할게. 후스가 미국 코넬대 재학 시절 쓴 것인데, 미국 생활, 극장, 연예 이야기 등 정말 개인적인 기록이 고스란히 남아 있어서 기록으로서 가치를 가지고 있어. 자신의 감정을 솔직히 담은 이 일기장 경매가는 얼마인 줄 아니? 무려 238억 원에 낙찰되었어. 사소한 일상과 생각들을 기록해 놓는 것이 얼마나 중요한 줄 알겠지?

만약 이순신 장군, 케네디, 후스처럼 유명해지지 않으면 어떡하냐고?
절대 슬퍼하지 마.
이제 너에겐 언제든 꺼내 먹을 수 있는
근사한 초콜릿 상자가 생겼잖아.
이건 누구도 못 먹지.
너만 꺼내 먹을 수 있는 달콤함이야.

86페이지 해석

가 – 사랑이 가장 중요
나 – 일이 가장 중요
다 – 친구가 가장 중요
라 – 돈이 가장 중요